AF268133

GÉNÉALOGIE

DE LA FAMILLE

FORGET DE BARST

EN LORRAINE

PAR

ANT. DOM. PIERRUGUES

Membre de la Société archéologique de Fiesole

FLORENCE
IMPRIMERIE JOSEPH PELLAS.
1881.

GÉNÉALOGIE

DE LA FAMILLE

FORGET DE BARST

EN LORRAINE

PAR

ANT. DOM. PIERRUGUES

Membre de la Société archéologique de Fiesole

O poca nostra nobiltà di sangue!
. . . .
. . . .
. . . .
. . . .
. . . .
Ben se' tu manto, che tosto raccorce,
Sì che, se non s'appon di die in die,
Lo tempo va d'intorno con le force.

DANTE.

FLORENCE
IMPRIMERIE JOSEPH PELLAS.
1881.

À Monsieur le Docteur Regnier

MEMBRE

de la Société d'Archéologie de la Moselle

Udir come le schiatte si disfanno,
Non ti parrà nuova cosa, nè forte,
Poscia che le cittadi termine hanno.

DANTE.

Monsieur,

C'est à vous que je dédie cette généalogie de la famille Forget de Barst, car c'est grâce à votre obligeance que j'ai pu la dresser.

Acceptez donc mon œuvre, elle est presque la votre et croyez qu'il est en mon cœur quelque chose que rien au monde ne pourra ni affaiblir ni détruire, ce sont les sentiments que vous m'avez inspirés, une estime profonde, une amitié inaltérable.

Florence (Italie), 10 Avril 1881.

Ant. Dom. Pierrugues.

FORGET DE BARST

EN LORRAINE

SEIGNEURS DE BARST, KERPERICH-HEMMERSTROFF, ITZBACH.
LESSE, FURST, BUREN, FOLSCHWILLER, RELING
ALSING, GROSS-HEMMERSTROFF,
ETC. ETC. ETC.

Armes des FORGET DE BARST: *d'azur coupé de gueules à une colombe essorante d'argent, accompagnée de trois étoiles d'or, deux en chef et une en pointe ; et pour cimier la colombe de l'écu tenant en son bec un rameau de laurier de sinople, fruité de gueules, issant d'un tortil d'or, d'argent, d'azur et de gueules et porté d'un armet morné, couvert d'un lambrequin aux métaux et couleurs de l'écu.*

Armes des FORGET DE BARST DE BOUILLON: *écartelé au 1er et au 4me de FORGET DE BARST, au 2me et au 3me DE BOUILLON, qui est d'or à la branche de rosier au naturel, chargée de trois roses de même.*

Uné tradition fait venir la famille Forget de Barst du Pié-
mont; mais son nom semble indiquer qu'elle est d'origine
anglaise; elle apparaît en Lorraine vers le milieu du XVIme siè-
cle et a pour premier auteur connu:

I. Eloy Forget, receveur à Vaudrevange (1648-1649), mort
avant 1659. Ses Comptes sont conservés dans les archives
du département de Meurthe-et-Moselle à Nancy. — On trouve
dans les mêmes archives un testament de Jean Forget,
abbé commendataire de Saint-Léon, chantre et chanoine de
Toul, du 30 Septembre 1549 et un acte (1618) émané de
Pierre Forget, échevin en la Justice de Rosières-aux-Salines
et de dame Dieudonnée sa femme. — Eloy Forget fut
père de

> 1⁰ Jean, qui suit ;
> 2⁰ Jacques Forget, seigneur de Sohier (?) capitaine prévôt à Siersberg de
> 1656 à 1659, mort avant 1678 ; marié à Marie Pierret, veuve de
> Jacques Gronders, dont il eut :
>> a Marie Elisabeth Forget, mariée à noble Jean François Gron-
>> ders nommé, sur la démission de son beau-père en sa fa-
>> veur, capitaine-prévôt de Siersberg, par lettres du 23 Dé-
>> cembre 1662.

II. Jean Forget, docteur en médecine, conseiller d'État et
premier médecin du duc Charles IV de Lorraine, né à Es-
sey-les-Nancy vers 1600. Il accompagna ce prince dans ses
voyages et ses expéditions militaires et écrivit des mémoires
sur les guerres de Charles IV jusqu'a l'année 1640; il quitta
le service du duc en 1644 à raison de l'affaiblissement de
sa santé et mourut quelques années après dans un âge
peu avancé.

Charles IV, qui chargea aussi Forget de missions diploma-
tiques pour le cardinal de Richelieu, reconnut ses services en
l'anoblissant par lettres patentes données à Lunéville, le
24 Août 1630, vérifiées le 7 Septembre 1632. (*Trésor des
Chartes de Nancy* f° 128, registre 1632).

Le duc le gratifia encore, le 1er Février 1647, d'une dota-
tion et, le 10 Juillet 1650, d'une pension.

On a de Forget, outre les mémoires sur Charles IV, le

traité: *Artis signatæ designata fallacia, sive de vanitate signatarum plantarum*, Nancy 1633 in 8°, qu'il composa pendant son séjour à Paris, et deux autres ouvrages, l'un sur les signes des métaux, l'autre sur ceux des animaux, qui n'ont pas été publiés.

Jean Forget épousa Claude Jeannot, fille du conseiller d'État Jean Jeannot et de Marguerite Gaspard, et fut père des enfants ci-après:

1° Charles Forget, prévôt, gruyer et receveur de la baronnie de Viviers, par brevet du 29 Mai 1664, démissionnaire en 1635 en faveur de son frère cadet;

2° Christian-François, qui suit;

3° Mathieu (alias Bastien) Forget, baptisé, le 13 Août 1634, dans l'église paroissiale de Saint-Epvre de Nancy;

4° Jean Forget, à Braine;

5° François Forget, à Siersberg;

III. **Christian-François Forget**, baptisé le 28 Février 1633, dans l'église paroissiale de Saint-Epvre de Nancy, prévôt, gruyer et receveur de la baronnie de Viviers, à la place de son frère Charles, par brevet du 22 Septembre 1665; seigneur en partie de Kerperich-Hemmerstroff et d'Itzbach; épousa, 1°, le 7 Janvier 1659, Anne de Bockenheim, fille de Renacle de Bockenheim gouverneur de Vaudrevange et de Jacqueline de Malclerc; 2°, en 1692, Barbe Voirin sa cousine, veuve de Charles de Bouillon. Anne de Bockenheim apporta en mariage à son époux ses droits sur le quart de la seigneurie de Kerperich-Hemmerstroff et d'Itzbach, avec une résidence au château ducal du Siersberg, que son bisaïeul Jean de Bockenheim avait acquis en 1570; ses ancêtres étaient gouverneurs de Vaudrevange et capitaines à Siersberg.

Christian-François Forget eut de son premier mariage;

1° François-Nicolas, qui suit;

2° Jacobée Forget, mariée à Jean Henry Dumont, avocat au Parlement, procureur de S. A. R. au bailliage de Nomeny, dont elle eut quatre enfants.

IV. **François-Nicolas Forget de Barst**, écuyer, seigneur de Barst et de Lesse, capitaine-prévôt, gruyer, et chef de police de la baronnie de Viviers, par brevet du 25 Septembre 1707, né et baptisé à Lucy, le 11 Août 1662, mort le 26 Juin 1742 et enterré dans l'église de Tincry, ou son tombeau existe encore. Il épousa, le 2 Février 1682, Anne-Catherine-Françoise de Busselot, née au château de Barst, de Louis de Busselot, seigneur de Dordal et de Barst et de Charlotte de Magnien, dame de Lesse et du fief de Rennel à Delme, morte le 13 Juin 1744 et enterrée dans l'église de Kerperich-Hemmerstroff. Elle apporta en dot à son mari le quart de la seigneurie de Barst, avec le titre de dame de Barst. Le chateau de Barst existe encore dans le village de ce nom, situé sur la route de Saint-Avold à Puttelange (Moselle).

De ce mariage sont nés:

1) Aubert Forget de Barst, lieutenant au régiment du prince François-Etienne de Lorraine, puis capitaine au régiment de Berg au service de l'Empire, le 17 Août 1725; mort sans postérité;
2) Jean-Henry, qui suit;
3) Anne Forget de Barst, née le 26 Août 1684, mariée, en 1711, à Jean-Philippe de Cailloux, seigneur de Valmont, dont quatre enfants;
4) Charlotte Forget de Barst, mariée à Gaspard de Gillot, seigneur de Furst, dont trois enfants;
5) Charles-Gaspard, auteur de la *Ligne cadette*, rapportée ci-après.

LIGNE AINÉE.

V. Jean-Henry Forget de Barst de Bouillon, né à Barst le 17 Février 1689, écuyer, seigneur de Kerperich-Hemmerstroff, Itzbach, Furst, Buren, Folschwiller, Reling, Alsing etc., capitaine-prévôt de Siersberg, conseiller du Roi et lieutenant-général civil et criminel du baillage de Bouzonville, (nomination du 29 Octobre 1751, démission 1753) grand bailli, pour le roi, de Mertzig et Sargau, subdélégué des mêmes baillages; avocat à la cour souveraine de Lorraine et Barrois.

Il fut chargé par le duc François III d'une mission diplomatique pour l'Archevêque — Electeur de Trêves, (Passeport du 16 Juin 1730). — Par acte du 15 Juillet, confirmé le 17 du même mois, de l'année 1724, il fut adopté par son cousin Eloy-Ferdinand de Bouillon, seigneur d'Itzbach, Buren, Furst etc., et fut institué son légataire universel par testament en date du 29 Août 1728, à charge de prendre le nom et les armes de Bouillon et de les transmettre à sa descendance de mâle en mâle et d'aîné en aîné. — M. de Bouillon mourut à Saint-Nicolas-du-Port près Nancy et son testament fut ouvert le 1ᵉʳ Août 1746.

Jean-Henry Forget de Barst de Bouillon, mourut, le 6 Juin 1768, à Saint-Oswald près Bouzonville et fut enterré dans l'église de Kerperich-Hemmerstroff; il épousa, le 27 Avril 1715, Jeanne-Charlotte de Cailloux de Valmont, fille de Jean de Cailloux, seigneur de Valmont, lieutenant-colonel du régiment de Mortal-Cavalerie, et de Charlotte de Blaives, morte, le 12 avril 1762, à Kerperich-Hemmerstroff et enterrée dans le vieux chœur de l'église de cette seigneurie. Il en eut les enfants ci-après:

1⁰ Charlotte-Françoise, baptisée le 8 Mars 1717, vivait encore en 1789, mariée, le 15 Décembre 1739, à Jean-François comte de Roucy seigneur de Lanweiller, Beckerholtz et Saint-Oswald, mort, le 18 Février 1765, à l'âge de 70 ans, dont elle eut:

    a Henry comte de Roucy de St.-Oswald, né le 17 Février 1751, mort assassiné au chateau de Kerperich-Hemmerstroff le 10 Avril1790. Il avait épousé, le 6 Mai 1788, Marie-Françoise de la Roche-Giroldt, dame de Kerperich-Hemmestroff, fille de Jacob-François de la Roche-Giroldt, chev. de Saint-Louis, Maréschal des Camps des Armées du Roi, colonel du régiment de Strasbourg, et de Catherine de Volkringer, de Metz.

2⁰ François-Jacques-Éloi, nè, le 1ᵉʳ Novembre baptisé le 5 Décembre 1718, à Kerperich-Hemmerstroff, mort en 1719, enterré dans l'église de Kerperich-Hemmerstroff.

3⁰ Anne-Françoise, née le 8 Décembre 1720, baptisée le 5 Janvier 1721, à Kerperich-Hemmerstroff, mariée, le 28 Novembre 1742, à Jean-Henry de Vigneulles du Sart, seigneur de Beckendorff (Luxembourg);

4⁰ François-Guillaume-Henry, auteur de la *Branche aînée* qui suit;

5⁰ Philippine-Françoise, née le 28 Février, baptisée le 5 Mars 1724, à Kerperich-Hemmerstroff, vivait encore en 1789; mariée en 1760, à Claude Le Dent de Sainte-Marie, seigneur d'Itzbach, mort le 5 Avril 1780 à Itzbach;

6⁰ Éloy, né et mort, en 1725, à Saint-Nicolas;

7⁰ Charles-Éloy-Ferdinand, auteur de la *Branche cadette*, qui suit la *Branche aînée*;

8⁰ Anne-Ursule, née, le 29 Novembre, baptisée le 30 Décembre 1727, à Kerperich-Hemmerstroff, morte réligieuse de l'ordre de Sainte-Elisabeth à Chateau-Salins;

9⁰ Jean-François, né le 16 Septembre, baptisé le 8 Octobre 1729, à Kerperich-Hemmerstroff, cadet gentilhomme du Roi Stanislas par arrêt

du 4 Janvier 1744 ; capitaine aux grenadiers de France par brevêt
du 4 Juin 1758, chev. de Saint-Louis, mort à Tetting sans postérité ; marié à N. de Vaulx d'Achy, de Remsing, morte à Tetting ;

10⁰ Madeleine, née, le 2, baptisée le 6 Février 1731, à Kerperich-Hemmerstroff ; mariée, le 17 Novembre 1749, à Jean-Charles O'More,
écuyer, seigneur de Valmont, capitaine aux grenadiers de France,
dont elle eut quatre enfants ;

11⁰ Marie-Marguerite, née, le 25 Février, baptisée le 2 Mars 1732, à Kerperich-Hemmerstroff, morte religieuse de l'ordre de Sainte-Elisabeth
à Château-Salins ;

12⁰ Jean-Philippe, né le 21, baptisé le 28 Avril 1735, à Kerperich-Hemmerstroff, lieutenant au régiment de Salm, puis Chartreux, mort
le 18 Mai 17 . . . . enterré à Kerperich-Hemmerstroff.

BRANCHE AINÉE.

VI. François-Guillaume-Henry Forget de Barst de Bouillon, (fils ainé de Jean-Henry Forget de Barst de Bouillon et
de Jeanne-Charlotte de Cailloux), écuyer, seigneur de Kerperich-Hemmerstroff, chevalier de l'ordre royal et militaire de
Saint-Louis, capitaine au régiment de Royal-Nassau (cavalerie légère allemande), puis Mestre de Camp de cavalerie
pour le Roi de France en 1781, né le 6 et baptisé le 30 Septembre 1722, à Kerperich-Hemmerstroff ; mort, le 25 Avril 1784,
dans les eaux de la Nied, qu'il traversait à cheval (près de
Wakmühl, venant de Schwerdorf) ; enterré à Kerperich-
Hemmerstroff ; eut pour parrain François comte du Han et
pour marraine Françoise O'More, née de Cailloux ; il épousa
Françoise de Wolkring, de Thionville, fille de François de
Wolkring au service du Roi et de Marie Brailon, de Thionville, morte, le 14 Octobre 1778, à Kerperich-Hemmerstroff
à l'âge de 65 ans ; il en eut trois enfants :

1⁰ Catherine-Emilie, née en 1761, morte en . . . .

2⁰ Guillaume-Henry-Ferdinand, qui suit ;

3⁰ Charles-Éloy-Ferdinand baron (?) Forget de Barst, né, le 30 Décembre 1771
et baptisé le 1ᵉʳ Janvier 1772, à Kerperich-Hemmerstroff ; emigré
en 1793 ; résida à Odessa et ensuite à Sébastopol en 1825 ; marié
à Marie . . . . . . morte au passage de la Bérézina en 1812 ; il en
eut trois enfants :

    a Marie-Antoinette-Eléonore née en 1791, mariée, le 15 Mars 1806,
à Odessa à noble Joseph Pierrugues, de Nice Maritime, ;
morte avec son mari au passage de la Bérézina en 1812.
Dont :

> *aa* Grégoire-Auguste Pierrugues, né le 17, baptisé le 3 Novembre 1806, à Moscou dans l'église catholique romaine de Saint-Louis des Français de cette ville, eut pour parrain son Excellence Grégoire de Baranoff; il épousa, le 26 Novembre 1831, au Consulat de France à Nice, Marie-Françoise-Ursule Pascal, de Cagnes, fille de Jean-Joseph Pascal, docteur en médecine, et maire de le commune de Cagnes sous le règne de Charles X ; réside à Florence (Italie) depuis 1860. Quatre enfants.
>
> *bb* Thérèse-Adelaide Pierrugues, née, le 18 Février 1808, morte le 7 Avril 1809, a Moscou ;
>
> *cc* François Pierrugues, nè, le 17 Juillet 1812, à Moscou, mourut la méme année, avec ses parents au passage de la Bérézina ;

b N . . . . . . morte au passage de la Bérézina.

c Apollon, mort jeune sans posterité.

VII. Guillaume-Henry-Ferdinand Forget de Barst de Bouillon, né en 17 . . . . mort en . . . . major dans un régiment de chevéau-légers (1784); marié à Cécile Massin, dont il eut:

1⁰ Ferdinand, qui suit ;

2⁰ Fanny, morte à Bouzieres-aux-Dames près Nancy, sans alliance.

VIII. Ferdinand Forget de Barst de Bouillon, sous officier au 1ᵉʳ régiment du génie, mort sans postérité. Avec lui s'est éteint le nom de Bouillon.

BRANCHE CADETTE.

VI. Charles-Éloy-Ferdinand Forget de Barst, (fils puîné de Jean-Henry Forget de Barst de Bouillon et de Charlotte de Cailloux de Valmont) né le 24 Septembre, baptisé le 6 Novembre 1726, à Kerperich-Hemmerstroff; seigneur de Gross-Hemmerstroff, reçu, par arrêt du 19 Mars 1741, cadet gentilhomme du Roi Stanislas, lieutenant-général du baillage de Bouzonville et conseiller du Roi (du 3 Juillet 1753 au 13 Septembre 1779), grand bailli, pour le Roi, de Mertzig et Sargau; subdélégué du baillage de Bouzonville et député de ce baillage pour les éléctions des États généraux de 1789, mort, le 3 Juillet 1790 et enterré à Gross-Hemmerstroff; marié, par contrat du 20 Juin 1755, à Marie-Thérèse-Joséphe de Veyder de Malberg, baronne du Saint-Empire, fille de messire François-Maurice de Veyder de Malberg, baron du Saint-Empire et de Marie-Thérèse de Neuforges, morte à Bouzonville le 12 Avril 1767, dont il eut sept enfants :

1° François-Maurice, né en 1757, capitaine au régiment de Hesse—Darmstadt, mort en 1793 à l'armée de Condé ; marié, par contrat de 5-26 Novembre 1787, à Anne-Françoise de Thierriet, fille de Jean-Nicolas de Thierriet, de Nancy et de Marie-Thérèse de Luyton ;

2° Jean-Henry-Charles-Joseph (le chevalier de Barst) né le 29 mai 1758 ; capitaine d'infanterie au régiment de Bouillon, chev. de Saint-Louis, émigré ; entré au service de l'Autriche ; major et commandant la 2me section de cordon de frontière à Zalosce en Galicie, mort à Brody ; marié, en 1804, à N. de Beiss, dont il eut :

    a Henry, lieutenant-colonel de l'armée royale hongroise (en 1848) ;

    b Maximilien, capitaine au service de l'Autriche (en 1848) ;

    c Charles lieutenant au service de l'Autriche (en 1848) ;

    d Ernest, lieutenant au service de l'Autriche (en 1848) ;

    e N. leur sœur ;

3° Pierre—Ernest—Joseph, né le 13 Janvier 1760, à Vaudreching près Bouzonville, entré au service en 1777 ; capitaine d'infanterie au régiment de Hesse-Darmstadt, du 1er Janvier 1791, chev. de Saint-Louis, par brevet du 25 Octobre 1815, maire de Tincry ; mort à Tincry, le 17 Janvier 1839, sans posterité. Il épousa, le 27 Avril 1781, Marie-Gabrielle-Adelaide de Reboucher, fille de Bernard-François-Gaspard de Reboucher, et de Françoise de Leusse de Givray, morte à Tincry le 8 Novembre 1825 ;

4° François-Charles-Joseph, qui suit ;

5° Jean-François-Joseph, né, le 11 Août 1763 ; capitaine au régiment de Nassau ; mort sans postérité à Thionville ;

6° Marie-Anne-Thérèse, née, le 28 Octobre 1764, à Bouzonville, morte en 1810 ; mariée à Joseph-Henry-Charles baron de Veyder de Malberg, chambellan de l'Archevêque-Prince-Électeur de Trèves, dont elle eut :

    a Adèle de Veyder, née en 1803, mariée en 1844 au baron Ferrand de Montigny ;

    b Ernestine de Veyder, née en .... mariée à N. Schmitz, inspecteur des eaux et forêts en Prusse ; six enfants ;

    c Charles-Ernest, baron de Veyder de Malberg, né en 1806, marié, en 1827, à Caroline, comtesse de Saint-Ignon, sans enfants ;

7° Marie-Anne-Francoise, née le 18 Août 1766, mariée à N. Husson de Bermont, de Bar-le-duc, capitaine de Hussards, dont elle a eu ;

    a Ernestine de Bermont, morte sans alliance à Metz en 1860 :

VII. **François-Charles-Joseph Forget de Barst**, né à Vaudreching, près Bouzonville le 10 juin 1761 ; entré au service en 1779 ; capitaine au régiment de Bouillon le 25 Février 1792 ; émigré en Mai 1793 ; rentré au service de France en Juin 1813 ; commandant de place au fort du Gommier le 1er Février 1814 ; chev. de Saint-Louis le 5 Septembre 1815 ; mort à Vigy (Moselle) le 30 Octobre 1821 ; marié : 1°, le 29 Janvier 1789, à Reine-Sophie Regnault, baronne de Châtillon, fille de Charles-

Joseph Regnault, baron de Châtillon, et de Gabrielle Christine de Reboucher née à Saint-Urbain le 6 Janvier 1759, morte en émigration à Marbourg (Hesse-Cassel) le 19 Décembre 1798; — 2° à Marguerite-Madeleine Vallet de Merville, fille de François Vallet de Merville, conseiller du roi, lieutenant de la maréchaussée des Trois-Évêchés et de Marguerite Alexandre, morte à Orléans le 10 Mars 1833. — Il eut du 1er lit:

> 1° Charles-Gabriel-Ferdinand, qui suit ;
> 2° Charles-Joseph-Anne-Thérèse, né à Mardorf, le 17 Janvier 1797; entré au service en 1814; capitaine d'infanterie à la légion de la Martinique le 19 Septembre 1822; mort à la Basse-Terre, le 5 Février 1825, sans posterité ;

du 2d lit :

> 3° Marguerite-Françoise-Victoire, née à Metz, le 28 Avril 1806, morte à Paris le 17 Novembre 1879, mariée 1° à N. Ginisty, 2° à N. Desprez ;

VIII. **Charles-Gabriel-Ferdinand Forget de Barst**, né à Longwy le 29 Juin 1790, élève à l'École Polytechnique le 1er Novembre 1810, chef de bataillon du génie du 4 Février 1840 au 15 Octobre 1848, chev. de la Légion d'honneur le 26 Juin 1831; mort le 16 Mars 1877 à Cirey-sur-Vezouze (Meurthe-et-Moselle); marié, le 27 Octobre 1824, à Marie-Pauline Blanchard, fille de Louis-Xavier Blanchard, maire de Huningue et de Charlotte Knopff, née à Huningue le 27 Avril 1799; il en eut quatre enfants:

> 1° Ernestine-Charlotte-Pauline, née à Huningue le 21 Octobre 1826, morte à Colmar le 27 Octobre 1827 ;
> 2° Jeanne-Justine-Louise, née à Huningue le 17 Avril 1828, mariée à Strasbourg le 17 Mai 1859 à Frédéric-Ernest-Alfred Holtzapffel, né à Strasbourg le 8 Novembre 1824, vérificateur des Domaines, conservateur des hypothèques depuis 1870; dont elle a eu :
>> a Paul-Jules Holtzapffel, né le 19 Octobre 1861, à Lure (Haute Saône)
>> b Marie-Jeanne-Héléne Holtzapffel, née le 30 Avril 1863, à Wisembourg (Bas-Rhin)
> 3° Ernest-Armand, né à Huningue le 16 Décembre 1832, officier au 22me de ligne, mort à Toulon, le 13 Octobre 1865; sans postérité ;
> 4° Charles-Joseph-Alfred, qui suit ;

IX. **Charles-Joseph-Alfred Forget de Barst**, né à Belfort le 21 Décembre 1833, chef de la famille Forget de Barst depuis le 15 Mars 1877.

LIGNE CADETTE

V. **Charles-Gaspard Forget de Barst,** (fils puîné de François-Nicolas Forget de Barst et de Anne-Catherine-Françoise de Busselot) né en 1696, écuyer, seigneur de Barst et de Sérrières, capitaine-prévôt et chef de police de Bouzonville, mort, le 28 Juillet 1749, à Bouzonville et enterré, avec sa femme, dans le chœur de l'église abbatiale de cette ville. Il épousa, par contrat du 23 Janvier 1720, Marie-Marguerite de Magnien, fille de François Magnien, écuyer, seigneur de Sérrières, d'Ars-sur-Meurthe, de Portieux, de Langley etc., contrôleur de la maison de S. A. R. et de Marguerite-Théodule L'Huillier, morte, le 24 Janvier 1746, à Bouzonville. Il en eut trois enfants:

> 1º Charles–Joseph–Xavier, qui suit ;
>
> 2º Marie-Françoise, mariée en 1760 à Jean–Claude de Heyssen, chevalier héréditaire du Saint-Empire, chev. de Saint Louis ; capitaine de grénadiers au régiment d'Austrasie; il résidait en 1786, en sa terre de Forgeville, près Halstroff, canton de Sierck ;
>
> 3º François-Gaspard, mort sans alliance.

VI. **Charles-Joseph-Xavier Forget de Barst,** né en 1726, capitaine au régiment de Berg, puis lieutenant colonel au régiment d'Alsace (infanterie Allemande), chev. de Saint-Louis; mort à Tincry le 6 Octobre 1772; marié, en 1754, à Marie-Elisabeth-Charlotte du Rocheret d'Oriocourt, fille de messire François-Antoine comte du Rocheret d'Oriocourt et de Antoinette de Busselot; il en eut dix enfants;

> 1º Marie-Louise, née, le 12 Septembre 1756, à Bouzonville, morte, le 1er Janvier 1818, à Bouzonville;
>
> 2º Joseph-Sigisbert, qui suit ;
>
> 3º Marie-Sophie, réligieuse à Vergaville, morte à Tincry ;
>
> 4º Charlotte-Marie-Marguerite-Théodorine, née le 9 Novembre 1767, morte, le 16 Février 1847, à Tincry ;
>
> 5º Marie-Thérèse, née en 1769; morte le 6 mars 1832, à Tincry, mariée, en 1807, à Charles Mathelat de Montcourt ; elle n'a pas eu de postérité ;
>
> 6º Marie-Louise-Françoise (alias Antoinette), née, le 6 Février 1772, à Tincry ; demoiselle de Saint-Cyr (1781) ; morte à Tincry ;

7⁰ Marie-Antoine, Prieur Commendataire, appelé le Grand-Prieur ; mort
en 1788;

8⁰ Sigisbert, prêtre, curé de Manhoué, dans le diocèse de Nancy; mort
en 1809 ;

9⁰ Charles, marié à Lisbonne et mort à Paris, sans postérité ;

10⁰ Xavier, mort jeune, sans postérité ;

VII. Joseph-Sigisbert Forget de Barst, né, le 27 Avril 1757, à Oriocourt, commandant d'infanterie, chev. de Saint-Louis; officier de la Légion d'Honneur, maire de Gorze (Moselle); mort à Gorze le 18 Mars 1829; il épousa, le 4 Octobre 1809, Marie-Geneviève-Esther Le Duchat de Mancourt; il n'a pas laissé d'enfants.

PREUVES ET TITRES JUSTIFICATIFS

Archives de la préfecture du département de Meurthe-et Moselle: *passim;* Trésor des Chartes de Nancy, 1632 — Dom. Pelletier; *Nobiliaire de Lorraine;* Dom. Calmet: *Bibliothèque lorraine,* art. *Forget* et *Histoire de Lorraine,* tom. III, p. 240, 283, 398 etc. — *Biographies* de Michaud, Hœfer et Michel; — Chifflet: *Commentarius lothariensis,* p. 88 etc. — Comte d'Haussonville: *Histoire de la réunion de la Lorraine à la France;* — Digot: *Histoire de Lorraine;* — J. Forget *Artis signatæ designata fallacia, auctore Joanne Forget medico Lotharingo, Nancii, apud Anthonium Charlot. Typographum, via Sancti Nicolai,* 1633, 1 vol. in 8⁰ et *Mémoires des guerres de Charles IV, duc de Lorraine* qui font partie d'un recueil manuscrit, coté sous le n. 128, de la Bibliothèque publique de Nancy; — *Mémoire pour Jean-Henry Forget de Barst de Bouillon, imprimé à Nancy 1751, chez Pierre Antoine, imprimeur ordinaire du Roy;* — La Chesnaye des Bois et Badier, art. *O'More* et *Heyssen;* — Catalogues des Gentilhommes de la noblesse de Lorraine ayant vôté aux assemblées de 1789 pour les élections aux États-généraux; de la Roque et de Barthelemy; — Almanachs de Lorraine avant 1789; — Brevêts divers de Prévôt, de Lieutenant-général, de Bailli, d'Officier, de Chevalier de Saint-Louis etc.; — Preuves de noblesse pour les Cadets gentilhommes de Stanislas (1741 et 1744), pour les Demoiselles nobles de Saint-Cyr (1781); pour les grades dans l'armée française (depuis 1781); — Actes de l'État-Civil des communes de Gross et de Kerperich-Hemmersdorf, conservés dans les archives de la Burgermestrie de Niedaltdorff (Prusse), de la paroisse de Saint-Épvre de Nancy etc., etc.; — Pièces de procédure; — Titres de propriété; — Papiers de famille etc., etc.

www.ingramcontent.com/pod-product-compliance
Lightning Source LLC
Chambersburg PA
CBHW061150050726
47594CB00008B/3344